JN298258

おくぞの流
玄米・雑穀
らくちんごはん

奥薗壽子

ブックマン社

「おくぞの流　玄米・雑穀　らくちんごはん」

目次

はじめに

玄米、雑穀がからだにいいのは
よくわかっているけど
炊くのも料理するのも、
いろいろめんどうが多そう。
気軽においしく食べられるなら
トライしてもいいな。
この本は、そんなあなたに贈る
超らくちんな
玄米・雑穀ごはんの本です。

ズボラな私が、玄米・雑穀を
食べるようになって、もう10年以上。
以前は太りやすく、疲れやすかったからだが
うそのようにすっきり丈夫になり
気持ちも前向きになりました。

この本には、ややこしいレシピは
ひとつもありません。
なんの苦もなく
玄米、雑穀ライフを始められます。
肩の力を抜いて、ひとつでも、ふたつでも
とりあえず作ってみてください。
きっと人生が変わりますよ。

奥薗壽子

この本の中で使っている大さじ１は15ml、小さじ１は5ml、１カップは200mlです。

玄米の炊き方

玄米を炊く

玄米を洗う

1. 玄米を入れたボウルに水をたっぷり注ぎ、一呼吸おいて上澄みの水を捨てる。こうするともみ殻やゴミや虫食い米が浮いてきて、水と一緒に流して捨てられる。

2. 泡立て器でぐるぐるとかき回したら、水を入れて上澄みを捨てる。これを2～3回繰り返し、最後は米だけ土鍋に移す。ていねいにするなら、ザルに上げて米の水分を切り、きっちり分量の水をはかる。テキトーに上澄みを捨てた状態で米を土鍋に移すような、イイカゲンなやりかたでもぜんぜん大丈夫。

浸水について

できれば1時間以上浸水させる。時間がない時は、洗ってすぐ炊いても大丈夫。その場合、弱火でゆっくり温度を上げていくのがコツ。米が水を吸いやすくなる。

土鍋で炊く

1. 玄米を洗ったら自然海塩（P24、P30参照。1カップにつき1つまみ）と共に土鍋に入れ、4～5割増しの水を加えて火にかける。1時間以上浸水させてある場合は、強火で一気に加熱しても大丈夫。洗ってすぐの場合は、弱火でゆっくり温度を上げる。

2. 沸騰したら火を弱め、10分したら火を止めて、そのまま30～40分おいて蒸らす。ふたをあけて全体を軽く混ぜ、口にキッチンペーパーかふきんをかぶせて5分ほどおき、余分な水分を飛ばせばできあがり。

圧力鍋で炊く

1. 玄米を洗ったら、自然海塩（1カップにつき1つまみ）と共に鍋に入れ、2割増しの水加減で10分（浸水してあれば5分）加熱。写真は、日本タッパーウェア（tel. 0120-252532）の圧力鍋。浸水なしで、短時間でおいしく炊ける。
2. 火を止めてそのまま30～40分おく。ふたをあけて軽く混ぜ、鍋の口にキッチンペーパーやふきんをかぶせて5分ほどおき、余分な水分を飛ばせばできあがり。

電気炊飯器で炊く

電気炊飯器の玄米炊き機能が、年々レベルアップ。浸水なしで、表示どおりの水加減で自然海塩（1カップにつき1つまみ）を加えて、簡単においしく炊ける機種が増えた。写真は松下電器（tel.0120-878-365）の「IHジャー炊飯器」。

玄米ごはんの冷凍、冷蔵保存

玄米ごはんの残りを小分け、密封して冷凍しておくと、好きな時に１杯分だけでも食べられる。おかゆや雑炊やリゾットなら、凍ったまま加熱し始めても大丈夫。冷蔵でも２〜３日保存でき、油で炒めると、パラリとしたおいしいチャーハンができる。

雑穀を炊く

玄米、白米に雑穀を混ぜて炊くのが一般的だが、あわ、きび、ひえは、単品で炊いてもおいしく食べられる。

玄米、白米に雑穀を混ぜて洗う

玄米、白米に１〜２割の雑穀を混ぜてから、水が澄んでくるまでよく洗う。粒の細かいあわ、きび、ひえなども、米にくっついて洗いやすくなる。無洗米のように、洗わないで使えるように加工された雑穀も増えている。

単品の雑穀を洗う

1. ボウルに雑穀と水を入れ、雑穀が沈むのを待って上澄みの水だけ捨てる。
2. 泡立て器でぐるぐるとかき回したら、水を入れて上澄みを捨てる。これを、水がにごらなくなるまで何回か繰り返す。

3. 最後の上澄みを捨てたら、ゴムベラを使って（手を使うと手にくっつくので注意）雑穀を鍋に移す。

浸水について

粒の小さい雑穀は、基本的にそのまま炊いてもOK。プチプチした食感を楽しめる。ただし、1時間以上浸水させると、よりもっちりやわらかく炊ける。
はと麦、そば米のように粒の大きいものは、浸水させてから炊いた方がよい。早煮タイプのはと麦も売られている。

玄米、白米と雑穀を炊き合わせる

炊き方は玄米又は白米を炊く時と同様。

単品の雑穀を炊く

1. 雑穀と分量の水と自然海塩（1カップに1つまみ）を加え、厚手の鍋または土鍋に入れて火にかける。
2. 沸騰したら弱火で5分加熱し、火を止めて約30分蒸らす。鍋が薄手のものだったら、バスタオルで包んで温度が下がらないようにする。

＊おかゆにする場合は、5倍以上のたっぷりの水で、スープのような薄めのおかゆに仕上げる方がおいしい。

注・雑穀の種類と特徴については、本文コラムをごらんください。

玄米・雑穀ごはんによく合うプチおかず 1

じゃこ、ごま、かつお節のふりかけ

玄米、雑穀ごはんの親友として、まず押さえておきたいのがこれ

材料 2人分

- ちりめんじゃこ　50g
- ごま　大さじ3
- かつお節　30g
- しょうゆ　少々
- 塩　少々

作り方

1. ごまはフライパンでから炒り（油や水を使わないで炒ること）をし、パチパチはじけてきたら、すり鉢に入れてする。
2. ちりめんじゃこもさっとから炒りし、1に加える。
3. あいたフライパンにかつお節を入れて、さっとから炒りし、パリパリしてきたら、手でもんで粉にし、少しずつしょうゆをかけて味をつけ、1の中に混ぜる。塩少々で味をととのえる。

Column　玄米、雑穀の入手先

健康な土にはぐくまれた玄米、
雑穀を選びたいですね。
私は、玄米は有機栽培のものや、
減農薬、無農薬米を購入し、
雑穀は国産のものを、
信頼できる生産者に直接注文して
購入しています。

玄米・雑穀ごはんによく合うプチおかず 2

かんぴょうキムチ

材料を混ぜて30分で完成の、とても手軽な自家製キムチ

材料 2人分

無漂白かんぴょう　30g
塩　少々
しょうゆ　大さじ1
酢　大さじ1
おろししょうが　1片分
おろしにんにく　1片分
りんごのすりおろし　1/8個分
粉唐辛子　適宜
ちりめんじゃこ（粗く刻む）
大さじ1～2

作り方

1 かんぴょうは軽く洗って食べやすい大きさに切り、塩少々を加えた湯でさっとゆでる。やわらかめが好きなら1～2分煮る。

2 1のかんぴょうを器に入れて、ほかの材料もすべて加えて和える。30分後から食べられる。しばらく漬け込んでもおいしい。

Column 自家精米は便利

家庭用精米器（写真は日本タッパーウェア製品）がコンパクトになっています。
好みと体調に応じて1合単位で玄米、分づき米、白米を選べるし、炊く直前に精米できるので、ごはんはもちろん、ぬかもおいしく有効利用できるからお得です。

玄米・雑穀ごはんによく合うプチおかず3

のりのつくだ煮

ちょっと古くなったのりも、おいしくよみがえります

材料（作りやすい量）

- のり（全形）　10枚分
- しょうゆ、みりん、水　各1/2カップ
- とろろ昆布　適宜
- 練りわさび　適宜

作り方

1 鍋にみりんを煮立て、アルコール分を飛ばす。手でちぎったのりとしょうゆと水を入れる。

2 全体がとろとろになったら、仕上げにとろろ昆布とわさびを入れる。

＊のりが古くなって風味が変わっていたら、30分ほど水に浸し、ザルに上げてから同様に煮る。その場合、しょうゆをやや多めにする。

Column　玄米、分づき米、白米とは

収穫米から
もみ殻だけを取り去ったお米が玄米。
外皮及びぬか層と胚芽を
どれだけ残すかによって、
3分づき米、5分づき米、7分づき米、
白米となります。

玄米・雑穀ごはんによく合うプチおかず 4

糸こんにゃくのしょうが炒め

ジャッと炒めてさっと味つけ。しょうがが効いてます

材料 2人分

糸こんにゃく　1袋
ごま油　大さじ1
しょうが　2片(親指大)
しょうゆ　大さじ2
かつお節　20g
すりごま　大さじ2

作り方

1 糸こんにゃくは食べやすい長さに切り、さっとゆでてザルに上げて水気を切っておく。しょうがはせん切りにする。

2 フライパンにごま油をひき、1のしょうがを炒める。1の糸こんにゃくも炒め合わせ、しょうゆを加える。

3 かつお節をふり入れて、全体をひと混ぜしたら火を止め、仕上げにごまをちらす。

Column　玄米の保存

精白米の保存の目安は
夏場で2週間から1ヵ月、
冬場で2ヵ月。
一方、玄米の場合は
外皮に守られているので、
低温で湿度の低いところで保管すれば、
数年間の長期保存が
可能です。

玄米・雑穀ごはんによく合うプチおかず 5

おかかしいたけ

包丁いらず、手間いらず、失敗知らずのおふくろの味

材料（作りやすい量）

- 干ししいたけ　8枚
- 水　2カップ
- しょうゆ、みりん　各大さじ2～3
- かつお節、ごま　各適宜

作り方

1 干ししいたけは軸を取り、手でくだいて食べやすい大きさにする。

2 1のしいたけを水、しょうゆ、みりんと合わせて鍋に入れ、10分ほどおいて弱火にかける。

3 しいたけがやわらかく煮えたらふたをとり、弱火で煮詰める。

4 煮汁がほとんどなくなったら、かつお節とごまを混ぜる。

Column　雑穀の生命力

雑穀は有史以前からの人類の主食。
どんなにやせた土地でも、
寒冷地でも、わずかな肥料で
農薬なしで育ち、1粒の種から
数千粒の実りがもたらされる、
生命力の強い穀物です。

玄米がゆと炒り雑穀

いちばんシンプルで、しみじみおいしい

材料 2人分

- 玄米ごはん　茶碗2杯分
- 水　2カップ
- 雑穀（あわ、きび、アマランサス、キヌア等）　適宜
- サラダ油　適宜
- 塩　少々

作り方

1 玄米ごはんと水を土鍋に入れ、混ぜないで弱火で10分ほど煮る。

2 とろりと煮えたおかゆを器に盛り、炒り雑穀を添える。

炒り雑穀の作り方

1 雑穀を3時間ほど水に浸けてから軽く水気を切り、ゴムべらを使ってフライパンに入れる。多少、水が入ってもOK。

2 弱火にかけて水分を飛ばす。この時、フライパンにくっつく感じがしてもあわてず、パチパチ音がするまでそのままにしておくと、パラリとはがれる。

3 2の鍋肌から、炒める時よりやや多めの油を注ぎ、揚げる感じで炒める。

4 3の雑穀を油ごとキッチンペーパーの上にひろげ、軽く油を切って塩をまぶす。

Column 玄米がゆの知恵

禅僧の精進料理では、夜、胃にやさしい茶がゆを食べる習慣がありますが、本来は玄米を使っていたそうです。やわらかく炊くと、栄養の消化吸収もぐんとよくなります。

ひえのおかゆ

ミルクポタージュ色の、なんともいえずやさしいおかゆ

材料 2人分

- ひえ（乾燥）　1/2カップ
- 水　5カップ
- 塩　1つまみ
- 梅干し　2個

作り方

1 ひえは泡立て器を使ってよく洗い（P8参照）、土鍋に入れて水を加え、ふたをしないで火にかける。

2 沸騰したら火を弱め、5分ほど煮たら火を止めて、ふたをして15分ほどおく。

3 とろりと煮えていたら塩1つまみで味をととのえ、器に移して梅干しを添える。

Column　ひえ

かつての日本人の主食。
栄養価が高く、
日本人に不足しがちなカルシウムは
玄米の3倍以上。
からだをあたためる作用があるので、
冷え性の人は
試してみてください。

野菜たっぷりのそば米雑炊

野菜はなんでもOK。少しずつあれこれ入れると楽しいです

材料 2人分

- そば米　1/2カップ
- 水　4カップ
- たまねぎ　1/2個
- にんじん　小1本
- ベーコン　1枚
- 昆布(細切り)　1×5㎝分
- 干ししいたけ(手でくだく)　1枚
- 塩、しょうゆ　各少々
- かつお節(手で軽くもんだもの)　5g

作り方

1 そば米は10分ほど水に浸しておく。

2 たまねぎ、にんじん、ベーコンはそれぞれ7㎜角ぐらいのさいころに切る。

3 そば米以外のすべての材料を土鍋に入れて火にかけ、煮立ったら火を弱め、野菜がやわらかくなるまで煮る。そば米も加え、好みのかたさに煮えたら火を止める。

4 塩としょうゆ少々で味をととのえ、かつお節を加えて火を止める。

Column 自然海塩

塩は食べ物の基本。
海水をくみ上げて天日で干したり、
平釜で煮詰めて作る自然海塩は
ほのかに甘く、少量で素材の味を
引き立ててくれます。
私は沖縄の「粟國(あぐに)の塩」
(tel.098-988-2160)
を取り寄せています。

チャイニーズあわがゆ

体力が落ちている時は、このおかゆで元気を出して

材料 2人分

- もちあわ　1/2カップ
- 水　5カップ
- 鶏もも肉　1枚
- 大根　100ｇ
- 昆布（細切り）　1×5㎝分
- 塩　少々
- クコの実（好みで）　適宜

作り方

1. 鶏肉は一口大に切り、大根はせん切りにする。
2. もちあわはよく洗い、水、大根、昆布と一緒に土鍋に入れ、火にかける。
3. 沸騰したら鶏肉も入れて、5分ほど煮たら火を止め、ふたをしてそのまま15分おく。
4. 塩少々で味をととのえ、好みでクコの実をちらす。

Column　もちあわ

直径1.5㎜のミニミニ穀物ですが、
鉄分は白米の約10倍。
穀類の中で最も甘みが強く、
じっくり炊くと
クリームのようななめらかさ。
淡い黄色のものと
白っぽいものがあります。

かぶの薬膳玄米がゆ

おろしたかぶで、さっぱりと仕上げます

材料 2人分

- 玄米ごはん　茶碗2杯分
- 水　2カップ
- かぶ　1個
- かぶの葉　1個分
- おろししょうが　1片
- 塩　少々

作り方

1. かぶの葉はみじん切りにして、軽く塩でもんでおく。
2. 土鍋に玄米ごはんと水を入れて火にかけ、混ぜないで10分ほど煮る。ごはんがとろりとしてきたら、鍋の上でかぶを皮付きのまますりおろす。
3. 再び煮立ったら1のかぶの葉を混ぜて塩少々で味をととのえて器に盛り、おろししょうがをのせる。

Column　玄米、雑穀の保存場所

私の場合、
玄米は密封できるふた付き容器に、
雑穀はぴったりふたのできる
ビンに入れ、
専用の棚に保管しています。
流しの下のような、
高温多湿の場所は避けましょう。

さつまいもの豆乳がゆ

おいもと豆乳の甘みで、ほっとひといき

材料 2人分

玄米（又は雑穀）ごはん　茶碗２杯分
豆乳　２カップ
さつまいも　小１本
塩　少々
黒ごま　適宜

作り方

1 さつまいもは皮付きのまま厚めのいちょう切りにし、玄米（雑穀）ごはん、豆乳と共に土鍋に入れて火にかける。

2 さつまいもがやわらかく煮えて、全体にとろりとしたら塩少々で味をととのえ、器に盛って黒ごまをふる。

Column　玄米、雑穀と塩

玄米や雑穀はカリウムを多く含むので、
炊く時に玄米１カップに付き
１つまみの塩を入れることで、
ナトリウムとカリウムのバランスが
良くなります。
塩はミネラル分を多く含む
自然海塩を使いましょう。

トマトリゾット

ごはんを洗えばサラッと、洗わなければトロッと仕上がります

材料 2人分

玄米（又は雑穀）ごはん　茶碗2杯分
にんにくのみじん切り　1片分
たまねぎのみじん切り　1/2個分
トマト　2〜3個
オリーブ油　大さじ1
干ししいたけ　2枚
パルメザンチーズ　適宜
塩、こしょう　各適宜

作り方

1 鍋にオリーブ油とにんにくを入れて中火にかけ、いい香りがしてきたら、たまねぎも加えて炒める。

2 鍋の上でトマトを皮ごとすりおろす。玄米（雑穀）ごはんと手でくだいた干ししいたけも加え、さらに10分ほど煮る。

3 塩、こしょうで味をととのえ、器に盛ってパルメザンチーズをちらす。

Column 米のぬか層と胚芽

たんぱく質と炭水化物を除いて、
米の栄養素の大部分は、
ぬか層と胚芽部分に含まれています。
玄米にはビタミンB_1が白米の約4倍、
ビタミンB_2も約3倍含まれ、
たんぱく質のアミノ酸組成も
白米よりすぐれています。

ひじき入り雑炊

煮ながらひじきを戻せる、お気楽ヘルシー雑炊

材料 2人分

- 玄米（又は雑穀）ごはん　茶碗２杯分
- 水　2.5カップ
- 乾燥ひじき、ちりめんじゃこ　各３～４つまみ
- 塩　少々

作り方

1 鍋に玄米（雑穀）ごはん、水、さっと洗った乾燥ひじきを入れて火にかけ、煮立ったら火を弱めて、ふたをしないで10分ほど煮る。

2 ちりめんじゃこをちらし、塩で味をととのえる。

Column 玄米、雑穀の便秘予防効果

玄米や雑穀の外皮に
たっぷり含まれる食物繊維は、
腸の動きを活発にすると共に
便の量を増やし、お通じをよくします。
排泄の時には、
からだの中の余分な脂肪や老廃物を
運び出してくれます。

雑穀いろいろがゆ

いろんな雑穀から元気をもらえますよ

材料 4人分

- 玄米（又は雑穀）ごはん　茶碗２杯分
- 水　４カップ
- 緑豆　大さじ４
- はと麦　大さじ２
- 塩　少々

作り方

1 厚手の鍋、又は土鍋に緑豆、はと麦、水を入れて火にかけ、沸騰したら5分ほど煮て火を止め、そのまま20分ほどおく。

2 ふたを取ってみて、はと麦と緑豆がやわらかくなっていたら玄米（雑穀）ごはんを入れる。さっと煮て、塩少々で味をととのえる。

Column 緑豆

豆も雑穀の仲間で、
良質のたんぱく質、ビタミン群、
カルシウム、食物繊維の宝庫。
緑豆ははるさめやもやしの
原料にもなり、
緑豆もやしは
ビタミンＣがたっぷり。

えびの玄米ドリア

豆乳のドリアは、あっさりおしゃれな味わい

材料 2人分

- 玄米ごはん　茶椀2杯分
- 豆乳　2カップ
- たまねぎのみじん切り　1/2個分
- かぼちゃ　1/8個分
- えび　6尾
- 塩、こしょう　適宜
- 溶けるチーズ　適宜

作り方

1 かぼちゃは厚さ2㎝ぐらいのいちょう切りにする。

2 玄米ごはん、豆乳、たまねぎ、1のかぼちゃを鍋に入れて火にかけ、10分ほど煮る。

3 えびは殻をむいて背わたを取り、横半分に切っておく。

4 2がとろりと煮えたら、塩、こしょうで味をととのえ、3のえびを入れてひと混ぜしたら、火を止める。

5 グラタン用の器に4を入れ、上から溶けるチーズをかけ、オーブントースターでおいしそうな焼き色がつくまで焼く。

Column　雑穀の栄養

雑穀は米よりたんぱく質、
ミネラル、食物繊維が多く、
糖質が少ない、
栄養バランスのすぐれた食べ物。
あわ、ひえ、きび、そばなどには、
からだをあたため、
むくみをとる作用もあります。

私の玄米放浪記

玄米ライフに、いきなり挫折

私がそもそも玄米を食べようと思い立ったのは、今から10年以上も前のこと。

息子が生まれて、食生活や健康や、安全や環境などの問題と初めてまじめに向かい合ったときに、1つの選択肢として急浮上してきたもの、それが玄米でした。当時、私の玄米に関する知識はゼロ。唯一、当時使っていた電気炊飯器に玄米キーなるものがついていたことが、最初に玄米を炊いた直接のきっかけでした。実はそれが、私の玄米生活をとんでもなく遠回りさせた落とし穴だったのです。

今の電気炊飯器と違って、とにかくまずかった。ポロポロして、かたくて、ぬかくさくて。しかも胃弱の私は、食べすぎるとすぐに胃痛が起こるし、子供は消化できず下痢をしてしまいます。おかゆにすれば、なんとか食べられるものの、炊き立てを食べられず、おにぎりにもできないのでは、食べ続けるわけにはいきません。しばらくは、白米の生活に戻らざるをえなくなりました。

それから数年が過ぎて、玄米を食べている友達の家に遊びに行ったときのこと。電車の中でおなかがすくとかわいそうだからと、帰りに玄米のおにぎりを持たせてくれました。

玄米でおにぎりができる。それは私にとって、新鮮な驚きでした。ごま塩がふってある玄米のおにぎりを、息子がおいしいおいしいと食べたことにも、さらに驚かされました。

ねっとりむっちりとした食感。かみしめるほどに濃くなる味わい。今まで私が食べてきた玄米とは全く違うものでした。

そうか、玄米は炊きかたひとつで、おいしくもまずくもなるんだ。こんなあたりまえのことに、初めて気がついたのです。

圧力鍋から、試行錯誤がはじまった

けれど私がその当時使っていた炊飯器では、どうしてもあんなふうにおいしく炊くことはできません。

そこで押入れにしまい込んでいた圧力鍋を引っぱり出してきて、炊いてみました。一晩水に浸けた玄米を鍋に入れ、圧力がかかったら火を弱め、そのまま40分火にかける。玄米の本に書いてあるとおりにすると、確かにもっちりおいしい玄米を炊き上げることができました。これはいける。おいしい。

けれど、生来ズボラな私には、一晩水に浸けるのも、40分間火にかけるのも、気が遠くなるくらい大変なことに思えました。冬場はともかく、夏場、40分間も火にかけることは、不可能に近い…。

それならば一度にたくさん炊き、小分けして冷凍しておく方法はどうかと思いました。これなら、週一回くらいのペースで炊くだけで、いつでも手軽に玄米が食べられます。そして玄米の本に書いてあるように、一回分ずつ小分け冷凍にしてみました。けれど、これも長くは続きません。小分けしてラップする労力はかなりマメでないとできません。

ズボラな私は、大量に炊いたらあの小分け作業が待っていると思うだけで、炊くのがおっくうに感じるようにさえなりました。

それでも玄米を食べ続けた理由

だいたい、白米ならいつでも手軽においしい炊きたてが食べられるのに、玄米だと冷凍ごはんを温め直して食べないといけない、これだけでも、挫折するのに十分な理由でした。

追い討ちをかけるように新米の季節。そのころ家族は白米、私は玄米という生活をしていたので、おいしそうに白米の新米を食べる姿をみると、やっぱり新米は白いごはんで食べる方がいいかも…。心は揺れ動きます。

でも、その当時(今でもそうですが)それでも挫折しないで玄米を食べ続けたいと思った一番の理由は、体調のよさと味の深さでした。玄米を食べ続けているうちに、私はいつのまにか白米を食べると、物足りなさを感じるようになっていたのです。

さらに、とにかく体調がいい。これは、なにものにも代えがたいものでした。何とか、もっと気楽に玄米を食べ続けられる方法はないものか…。私の試行錯誤が始まったのです。

オクラのとろとろごはん

長いもをたたいて作る、変わりとろろ汁です

材料 2人分

玄米（又は雑穀）ごはん　茶碗2杯分
オクラ　10本
塩　少々
長いも　300g
練りわさび　適宜
しょうゆ、又はめんつゆ　適宜

作り方

1 オクラは塩少々をふって板ずり（まな板の上で押し転がす）し、さっとゆでる。

2 1のオクラのヘタを取って包丁で細かくたたく。長いもは皮をむいてすりおろす。

3 2のオクラと長いもを混ぜて玄米（雑穀）ごはんにかけ、わさびじょうゆ、又はわさびを入れためんつゆをかける。

＊ ミキサーがあれば、長いもとオクラを一緒に回すと、あっという間にできあがる。

＊ 白米に押し麦を1～2割ほど混ぜて炊いた麦ごはんにもよく合う。

Column　麦

米と並ぶ世界の主要穀物。
大麦（焙じて麦茶に、麦芽はビールに）、
小麦（パン、めん類、お菓子、しょうゆ、
みそなどに）、
オート麦（オートミールに）、
ライ麦（黒パンに）
など種類も多彩。

切り干し大根と納豆のシャキねばごはん

シャキシャキ切り干しとねばねば納豆の食感が新鮮

材料 2人分

玄米（又は雑穀）ごはん　茶碗２杯分
納豆　２パック
切り干し大根　20ｇ
水　1/2カップ
しょうゆ　大さじ１～２
おろししょうが　１片分
青ねぎの小口切り　適宜

作り方

1 切り干し大根はさっと洗って食べやすい長さに切り、水、しょうゆ、おろししょうがを混ぜて５分ほどおく。

2 納豆に１とねぎを混ぜて、玄米（雑穀）ごはんにかける。

＊ 白米に押し麦を１～２割ほど混ぜて炊いた麦ごはんにもよく合う。

Column　**押し麦**

大麦を蒸して、
ローラーで平たくしているので
とても消化がよく、
白米や玄米に混ぜて普通に炊けます。
栄養のバランスがよく、
とりわけ食物繊維は
白米の10倍以上含まれています。

じゃこ、ごま入り焼きいなり

油揚げを煮ないでいいから、らくちんでしょ

材料 2人分

玄米（又は雑穀）ごはん　茶碗2杯分
ちりめんじゃこ　適宜
酢　大さじ1～2
ごま　適宜
油揚げ　2枚
しょうゆ　適宜
かぼす又はすだち（好みで）　適宜

作り方

1 あたたかい玄米（雑穀）ごはんにちりめんじゃこ、酢、ごまを混ぜ合わせる。
2 油揚げはまな板にのせて麺棒などで押し広げ、横半分に切って中を袋にする。
3 1のすしめしを4等分して軽く握り、油揚げの中に詰めて、口をつまようじで止める。
4 フライパンで両面をこんがりと焼く。
5 仕上げにしょうゆ少々をたらし、好みでかぼす又はすだちの果汁をかける。

Column **一物全体（いちぶつぜんたい）**

食べ物の一部分でなく、
穀物なら精白しないものを、
野菜なら皮も根も丸ごと食べることが、
自然の摂理にかなっていて、
からだにもいい
という考え方です。

冷や汁ごはん

疲れがとれる、リフレッシュごはん

材料 2人分

玄米（又は雑穀）ごはん　茶碗２杯分
すりごま　大さじ２
ちりめんじゃこ　50ｇ
みそ　大さじ４
水　３カップ
きゅうり　１本
大葉　10枚
ごま　適宜
豆腐　1/2丁

作り方

1 包丁で細かく刻んだちりめんじゃこをみそに混ぜ、アルミホイルに塗ってグリルかオーブントースターで焼く。

2 おいしそうな焦げ色がついたら取り出して、水を加えてゆるめる。

3 豆腐をくずしながら入れたら、最後にきゅうりの薄切り、大葉のせん切り、ごまをちらす。

4 3を玄米（雑穀）ごはんにかける。

＊ 白米に押し麦を１～２割ほど混ぜて炊いた麦ごはんにもよく合う。

Column　玄米、雑穀とダイエット

よくかんで味わって食べるので、
玄米、雑穀は
白米より少ない量で、
脳に満足感がもたらされます。
腹もちもよく、
食べる量が自然にひかえめになって、
無理なくダイエットできますよ。

じゃこと切り干し大根の混ぜずし

切り干しを戻さず調味液に浸して、ごはんに混ぜて、もう完成

材料 2人分

玄米（又は雑穀）ごはん　茶碗2杯分
切り干し大根　20g
ちりめんじゃこ　30g
酢　大さじ2
しょうゆ　小さじ1
きゅうりの塩もみ　1本
大葉　5枚
ごま　適宜
レモン（好みで）　適宜

作り方

1 切り干し大根はさっと洗って細かく切り、器に入れて、ちりめんじゃこ、酢、しょうゆと混ぜ合わせ、戻しながら味をしみこませる。

2 玄米（雑穀）ごはんに1を漬け汁ごと混ぜ、きゅうり、ごま、大葉も加える。

3 器に盛り、好みでレモン汁をかける。

Column　発芽玄米

玄米を0.5~1㎜発芽させたもの。
アミノ酸の一種、
ギャバが玄米の3倍に増え、
老化、ガンを防ぐ
抗酸化成分の働きも活発にすると、
注目を集めています。

桜えびとニラのエスニックチャーハン

白米より香ばしくパラリと仕上がります

材料 2人分

- 玄米（又は雑穀）ごはん　茶碗２杯分
- 桜えび　30ｇ
- ごま油　大1
- ねぎのみじん切り　1/2本分
- にんにくのみじん切り　1片分
- しょうがのみじん切り　1片分
- ニラ　1束
- ナンプラー又はしょうゆ　大さじ1
- 粉唐辛子　適宜
- レモン　適宜

作り方

1 フライパンを熱し（油はひかない）、桜えびをさっと炒めて取り出す。

2 フライパンにごま油を熱し、ねぎ、にんにく、しょうがを炒めて、さらに玄米（雑穀）ごはんを炒め合わせる。

3 ざく切りにしたニラを入れてさらに炒め、最後に1の桜えびを混ぜる。

4 皿に盛って、ナンプラーや粉唐辛子、レモン汁をかける。

Column　うちで発芽させる

発芽玄米は、
うちでも簡単に作れます。
玄米を１日水に漬けたあと、
ザルに上げ、
あたたかな室内においておくと、
半日で発芽。
芽が１㎜未満のうちに食べます。

バターきのこごはん

3分でピラフみたいなできばえの、洋風炒め混ぜごはん

材料 2人分

- 玄米(又は雑穀)ごはん　茶碗2杯分
- バター　大さじ1
- しめじ　1パック
- しょうゆ　大さじ2
- かつお節　適宜
- すだち又はかぼす(好みで)　適宜

作り方

1 しめじは石づきを切り落とし、小房に分ける。

2 フライパンにバターを熱して1のしめじを炒め、しんなりしたら、しょうゆで味をつける。かつお節をまぶして火を止める。

3 玄米(雑穀)ごはんに2を混ぜて器に盛り、好みですだち又はかぼすの果汁をかける。

Column　玄米の生命力

玄米は、水に漬けると
芽を出す生きたお米。
その生命力が
からだに前向きに作用するのか、
玄米を食べ始めると、
今までより疲れにくく
丈夫な体質に変わる例が多いようです。

Essey

おくぞの流ズボラ玄米炊飯法

白米並みに、手軽に炊きたい

玄米の敷居を高くしているもの。それはまず、40分間も火にかけっぱなしにしなければならないこと。冬場はともかく、夏場はとてもできそうもありません。何とかこれを短くする方法はないか？　いろいろ考えるうちにふと思ったのは、加熱時間は本当に40分も必要なのかということでした。

当時の私は、保温調理という方法を使って、鍋で白米を炊き始めていました。やりかたはこう。水と米を入れて鍋を火にかけ、沸騰したら5分ほどおき、鍋ごともう1つの外鍋に、スッポリ入れてしまうのです。

そうして待つこと20分。外鍋にはめこむことで80～90℃近い温度を保つので、ごはんがおいしく蒸らされて炊けるというわけ。

「蒸らし」がすべてのカギだった

米というのは本来、ずーっと加熱しつづけて炊くものではなく、実はこの「蒸らし」がごはんをおいしく炊くポイントなのです。その証拠が、昔ながらのかまど炊き。しばらく沸騰させたら、下の火を全部かき出して「おき火」状態にします。アウトドアで、飯ごうで炊く時も、しばらく沸騰させたあと、ねばねばしたのり状のものが出なくなったら、火からおろして、ひっくり返します。

ということは、玄米も長い時間加熱し続けなくても、蒸らしながらふっくら加熱することができるのでは？

思い立ったら即実行。でも白米と同じように5分加熱、20分蒸らしでは芯が残り、またビシャビシャして食べられません。そこで、どれくらい加熱して、どれくらい蒸らせばいいのか、いろいろ試しつづけた結果、10分加熱して、40分蒸らせば炊き上がることが判明したのです。

さらに、保温調理鍋を使わなくても、土鍋の方がおいしく炊けることがわかりました。

土鍋って火からおろしてもしばらく、グツグツしてますね。あれが玄米を炊くのに、とても都合がいいのです。火からおろしても5分ぐらいは火にかけていた時の状態が保たれ、その後、蒸らしに入ってくれるから。また、うまく蒸気を逃がしてくれるので、パラリとおいしく炊き上がる。この発見で、とても気楽に玄米を炊けるようになりました。

けれど、めんどうな部分はまだ残っています。そう、浸水。洗ってから半日以上水に浸けておく時間を、白米並みに短縮できたら。

超ズボラ玄米炊飯法が完成!

圧力鍋を使えば、浸水なしでもおいしく炊けることがその時点でわかっていました。圧力がかかってから10分加熱し、そのまま蒸らせば大丈夫。けれど、土鍋の場合だと、それではどう考えてもうまくいきそうにない。

土鍋でも洗ってすぐ炊く方法はないものか。ふと思い出したのは、ぬるま湯のこと。白米を洗ってすぐ炊く時、水よりぬるま湯に浸けた方が早く水を吸い、ふっくらおいしく炊けます。この理論、玄米でも使えるはず。

やってみると、いい感じ。けれど，ぬるま湯に浸けるのなら，少しずつ水の温度を上げていっても同じでは、と思いつきました。

こうして完成したのが、超ズボラ玄米炊飯法。土鍋に、洗ってすぐの玄米と水を入れてふたをします。そしてごくごく弱い火にかけます。土鍋は熱の伝導率が悪いので、弱火にかけると、沸騰するまでに普通の鍋より時間がかかります。この間に玄米が少しずつ水を吸い、沸騰した時には、浸水させたのと同様の状態になっているのです。

あとは沸騰したら10分加熱、40分蒸らし。ふたを取ってふきんをかぶせて、5分おけばOK。トータル60分でみごと、おいしい玄米が炊き上がります。これなら、白米と同じ感覚で炊くことができますね?

なすとひき肉の混ぜごはん

なすと肉みそって、最高に相性のいいコンビですよね

材料 2人分

玄米(又は雑穀)ごはん　茶碗2杯分
A) なす　1～2本
　水　1/2カップ
　塩　小さじ1/2
ごま油　小さじ1/2
豚ひき肉　100g
しょうがのみじん切り　1/2片分
みりん　大さじ1
みそ　大さじ2
青ねぎのみじん切り　1/2本分

作り方

1 なすは薄い半月切りにし、ふたつき容器に入れて水、塩も加える。ふたをしてしゃかしゃか振って、水気を切っておく。

2 フライパンにごま油を熱し、ひき肉としょうがを炒める。

3 1のなすを加えてさっと炒め、ふたをして蒸し焼きにする。

4 なすがくたっとしたら、みりんとみそを入れ、みそが少しこげた感じになるまで強火で水分を飛ばす。

5 火を止め、あたためた玄米(雑穀)ごはんを加えて混ぜ、ねぎをちらす。

Column 「かむ」健康作用

玄米、雑穀は
よくかんで食べるので、
唾液の分泌が促されて
消化機能が高まります。
また、あごがよく動いて
こめかみが刺激され、
大脳の働きも活発になるそうです。

ポロポロ豆腐と大根おろし丼

豆腐をバチバチ炒めて、ストレス解消

材料 2人分

玄米（又は雑穀）ごはん　茶碗２杯分
木綿豆腐　１丁
ごま油　大さじ１
かつお節　適宜
大根おろし　適宜
しょうゆ　適宜

作り方

1 フライパンを熱し（油はひかない）、豆腐をくずしながら入れて炒める。

2 豆腐から水が出なくなってポロポロしてくるまで、気長に炒める。

3 2の豆腐がそぼろ状態になったら、ごま油を加え、香ばしい香りが立ったら、しょうゆ少々を回し入れて、少し焦がす感じで炒める。

4 玄米（雑穀）ごはんの上に大根おろしをのせて、3をたっぷりのせ、好みでしょうゆをかける。

Column 玄米、雑穀と大根おろし

生の大根には
でんぷんを分解するジアスターゼが
たっぷり含まれているので、
玄米、雑穀ごはんに添えると、
消化がぐんとよくなります。
胃腸の弱い人には、
特におすすめです。

厚揚げビビンバ丼

お肉代わりの厚揚げが、いい味を出してくれます

材料 2人分

玄米（又は雑穀）ごはん　茶碗２杯分
厚揚げ　１枚
塩、こしょう　各適宜
もやし　１袋
ニラ　１束
A）みそ、コチュジャン　各大さじ２
　はちみつ　大さじ１～２
　酢　大さじ１
　水　１カップ
水溶きかたくり粉　適宜
ごま　適宜

作り方

1 フライパンにごま油を熱し、もやしと、ざく切りにしたニラをさっと炒めて取り出す。

2 厚揚げは1cm角の棒状に切り、塩、こしょうをまぶす。

3 あいたフライパンに新たにごま油を熱し、厚揚げを炒め、よい焦げ色がついたらAを一気に入れて、5分ほど煮る。最後に水溶きかたくり粉でとろみをつける。

4 玄米（雑穀）ごはんを器に盛り、1のもやし、ニラ、3の順にのせて、仕上げにごまをふる。

Column　黒米

もち米の一種で鉄分と亜鉛が多く、
精力増強と増血の穀物として、
秦の始皇帝や楊貴妃も
宮廷料理に取り入れたそうです。
白米に少し混ぜると、
赤紫色のごはんが炊けます。

トマトとチーズの やわやわオム丼

カラフルでやわやわだから、子供たちも大好き

材料 2人分

玄米（又は雑穀）ごはん　茶碗２杯分
トマト　１個
バター　大さじ１
にんにくのみじん切り　１片
卵　２個
塩、こしょう　各少々
プロセスチーズ　２切れ

作り方

1 卵を器に溶き、1cm角に切ったチーズと塩、こしょうを混ぜておく。トマトはざく切りにしておく。
2 フライパンにバターとにんにくを入れて熱し、いい香りがしてきたら１のトマトをさっと炒める。
3 １の溶き卵を一気に２のフライパンに流し入れ、大きくかき混ぜる。
4 ふんわりまとまったら玄米（雑穀）ごはんにかける。

Column　**赤米**

赤飯のルーツ。
古代から江戸時代まで
全国で栽培されていました。
今も神事には欠かせません。
薬効は黒米と同様で、
女性のからだの機能を
ととのえる成分が豊富です。

ニラみそ丼

油を使わず煮るだけの、クイックスタミナ丼

材料 2人分

玄米(又は雑穀)ごはん　茶碗2杯分
豚ばら肉　200g
みそ　100g
黒砂糖　大さじ4
しょうが汁　1片分
水　1カップ
ニラ　2束

作り方

1 豚肉は一口大に切ってさっとゆでて水を切る。
2 ニラ以外の材料をすべて鍋に入れて、弱火でことこと煮る。全体がとろりとしてきたらざく切りにしたニラを加え、ひと混ぜして火を止める。
3 器に玄米(雑穀)ごはんを盛り、2の具をのせる。

Column 香り米

古来、お祝い事や慶事に
珍重されてきた米。
炊くと新米のような
かぐわしい香りがします。
中山間地域の標高の高いところで
栽培されたものの方が、
香りがいいとされています。
最近は収量が極端に減ってきています。

冷ややっこ丼

豆腐をくずして薬味をのせるだけで、すてきにおいしい

材料 2人分

- 玄米（又は雑穀）ごはん　茶碗２杯分
- 絹ごし豆腐　1丁
- おろししょうが、刻みみつば、
- もみのり、かつお節、みょうがのせん切り、大葉のせん切り、ごまなど好みの薬味　適宜
- しょうゆ　適宜

作り方

1 玄米（雑穀）ごはんを器に盛り、さいころに切った豆腐を手で軽くくずしながらのせ、好みの薬味ものせる。

2 しょうゆをかけ、全体を混ぜながら食べる。

＊ 白米に押し麦を１～２割ほど混ぜて炊いた麦ごはんにもよく合う。

Column　そば米

日本人が縄文時代から食べていた
そばは、体脂肪の蓄積を抑える、
毛細血管を強くするなどの
健康効果も話題。
そばの実の殻だけを取り除いた
そば米は、雑炊やぜんざいに入れると、
プチプチした食感と
うまみを生かせます。

高野豆腐のかば焼き丼

食感はうなぎとそっくり。うまみもコクもたっぷり

材料 2人分

玄米（又は雑穀）ごはん　茶碗２杯分
高野豆腐　２枚
ベーコン　２枚
小麦粉　適宜
ごま油　大さじ2
A)水　1カップ
　しょうゆ、はちみつ　各大さじ2
　しょうがのしぼり汁　1片分
みつば　適宜

作り方

1 高野豆腐は水に５分ほど浸す。中までしっかり戻ったら半分に切り、軽く小麦粉をまぶし、ベーコンを巻く。

2 フライパンに油を熱し、1の高野豆腐を入れて、カリッとするまで焼く。途中、高野豆腐が油を吸ってもあわてず、ベーコンにしっかり焦げ色がつくまで焼く。

3 2の鍋にAの材料を一気に加え、煮詰めながらタレを全体にからめる。

4 器に玄米（雑穀）ごはんを盛り、みつばを敷き、3の具をのせて、フライパンに残ったタレをかける。

Column　はと麦

美肌の穀物として知られています。
すぐれた新陳代謝作用が
細胞の老化を防ぎ、
シミ、肌荒れなど、
肌のトラブル全般を改善します。
むくみ、便秘にも効果的。

オクラ、ひき肉、トマトのカレー

ビタミンたっぷりの、ジューシーな夏野菜カレー

材料 4人分

玄米（又は雑穀）ごはん　茶碗４杯分
オリーブ油　大さじ1
にんにくのみじん切り　1片分
たまねぎのみじん切り　1個分
合びき肉　300ｇ
カレー粉　大さじ１～2
トマト　2個
オクラ　2袋
昆布（細切り）　1×10㎝分
干ししいたけ　2枚
水　1/2カップ
しょうゆ　大さじ1
ウスターソース　大さじ１
塩　小さじ1/2
水溶きかたくり粉（好みで）　適宜

作り方

1 トマトはざく切りに、オクラはヘタを取って斜め切りにしておく。

2 フライパンにオリーブ油を熱してにんにくとたまねぎを炒める。

3 たまねぎがすきとおってきたら、合びき肉を入れて炒め、色が変わったらカレー粉をふり入れる。

4 1のトマト、オクラの半量、昆布、手でくだいたしいたけ、水を加え、ふたをして5分ほど煮る。

5 トマトが煮崩れ、オクラがくたっとしたら、しょうゆ、ウスターソース、塩で味をととのえる。

6 仕上げに残りのオクラを入れてさっと煮る。水分が多いようなら、水溶きかたくり粉でとろみをつける。

7 玄米（雑穀）ごはんを器に盛り、カレーをたっぷりとかける。

Column　アマランサス

「スーパー・グレイン」（驚異の穀物）と脚光を浴びている中南米原産の雑穀。日本でも栽培されています。カルシウム、鉄分、食物繊維、ビタミンB6が大変豊富。

和風だしのきつねカレー

なつかしい味わい。炒めないで煮込むカレーです

材料 4人分

玄米(又は雑穀)ごはん　茶碗4杯分
たまねぎ 1個
にんじん　小1本
油揚げ　1枚
豚薄切り肉　200g
A)水　3カップ
　昆布(細切り)　1×10cm分
　干ししいたけ(手でくだく)　3枚
しょうゆ、みりん　各大さじ3
かたくり粉　大さじ1
水　大さじ2
カレー粉　小さじ1〜大さじ1
かつお節　適宜
青ねぎ　適宜
おろししょうが　適宜

作り方

1 たまねぎはざく切りに、にんじんはたんざく切りにする。豚肉は一口大に、油揚げはたんざくに切る。ねぎは小口切りにする。

2 Aを鍋に入れて火にかけ、1のたまねぎ、にんじん、油揚げを加える。

3 煮立ったら豚肉も入れて、野菜がやわらかくなるまで煮る。

4 しょうゆとみりんで味をととのえ、水溶きかたくり粉とカレー粉を加えてとろみをつける。かつお節も加えて火を止める。

5 玄米(雑穀)ごはんを器に盛って4のカレーをかけ、ねぎをちらして、おろししょうがをのせる。

Column キヌア

アマランサスの仲間で、
薬効も同様。
免疫機能を正常化させる働き、
抗アレルギー作用、
抗ガン作用にすぐれ、
NASAの宇宙食に指定。
穀物アレルギー患者向けにも
栽培されています。

ハヤシライス

おろしトマトがとろ〜り溶けてる、まろやかハヤシライス

材料 2人分

玄米（又は雑穀）ごはん　茶碗２杯分
牛切り落とし肉　200ｇ
塩、こしょう　各少々
バター　大さじ１
たまねぎ　１個
トマト　４個
小麦粉　大さじ２
みそ　大さじ２
しょうゆ　大さじ１
塩　少々
みりん　大さじ２〜３

作り方

1 牛肉は食べやすい大きさに切り、塩、こしょうで下味をつけておく。たまねぎは薄切りにする。

2 鍋にバターを熱し、たまねぎが少し茶色くなるまでよく炒める。

3 牛肉を炒め合わせ、色が変わったら小麦粉をふり入れて炒める。

4 粉っぽいところがなくなったら、トマトをすりおろしながら入れる。

5 とろみがつくまで中火で煮詰め、みそ、しょうゆ、塩、みりんを加えて味をととのえる。

6 玄米（雑穀）ごはんを器に盛り、5のルーをかける。

Column うるちあわ

もちあわよりプチプチ、
ボソボソした食感。
たんぱく質が多いので
味にコクがあります。
人類が石器時代から食べていた、
と言われるほど
古い歴史をもつ食物です。

あわのすいとんスープ

すいとん種をスープにポトポト落とすのが楽しいの

材料 2人分

あわごはん（P8参照）　茶碗2杯分
塩　1つまみ
かたくり粉　大さじ2
水　3カップ
昆布　1×10cm分
干ししいたけ　2枚
豚ばら肉　100g
油揚げ　1枚
にんじん　1/4本
大根　1/6本
しょうゆ、塩、酒　各適宜
かつお節　10g
青ねぎ　適宜

作り方

1 にんじんと大根は、皮付きのまま薄いいちょう切りにする。油揚げは横半分に切って細切りにする。ねぎは小口切りにする。豚肉は一口大に切る。

2 あわごはん、塩1つまみ、かたくり粉は混ぜ合わせて、すいとん生地を作っておく。

3 鍋に水、細切りにした昆布、手でくだいた干ししいたけ、1のにんじん、大根、油揚げを入れて火にかけ、煮立ったら豚肉も加えてさらに煮る。

4 1のすいとん生地をスプーンですくい、2の煮立ったスープの中にポトポト落としていく。

5 すいとんに火が通ったらしょうゆ、塩、酒で味をととのえ、かつお節も入れて火を止める。器に盛り、ねぎをちらす。

Column **五穀米、十穀米**

雑穀のブレンド商品。
あわ、きびは胃弱、
ひえは強壮、
大麦（押し麦）は肝臓、
はと麦は皮膚…と
さまざまな雑穀の薬効をバランスよく
取り入れて、体調を全般的に改善できます。

Essey

からだにも自然にもやさしい玄米・雑穀

玄米でからだもお肌もすっきり快調に

玄米を食べ始めて一番変わったことは、油っこいものや肉類をあまり食べたくなくなったこと。玄米を食べている人がそう言っているのをよく耳にしていたのですが、自分が食べてみて本当だと実感しました。

たぶん玄米は、糖質、たんぱく質、脂質、ミネラル、ビタミン類、食物繊維などがバランスよく含まれた完全栄養食品なので、それだけで十分満たされていくせいではないでしょうか？

ということは、玄米を食べていると、たくさんのおかずを食べすぎることもないし、脂でギトギトした揚げものなど受けつけなくなってしまうので、期せずしてヘルシーな食事にならざるをえないのです。

また、忙しい朝や昼の食事などは、のり、ごま、ちりめんじゃこ、かつお節、梅干しといった家にある常備菜と玄米だけですませても、栄養不足の心配はありません。

さらにうれしいのは、食物繊維が豊富なので、お通じがよくなること。腸がすっきりすれば当然、お肌のトラブルも解消するし、イライラも減ります。からだが軽くなれば、いろんなことに対してやる気も出るというもの。

ミネラル粒、雑穀をかんたんに洗って炊く方法

一方雑穀も、小さいながらも栄養のバランスがよく、とりわけミネラルと食物繊維の宝庫。少しずつ取り入れることで、不足しがちな栄養を補給することができます。

雑穀は白米に１～２割混ぜるのが、一番ポピュラーな食べかた。もち性のあわやきびなどは、白米に炊き込むとごはんがもちもちっとなり、おいしいものです。

雑穀の洗い方のところで説明したとおり、洗う時に泡立て器を使えば、手のあちこちにくっつくこともなく、うまく洗えます。ガーゼに包んだり、目の細かいざるを二重にしたりする必要はありません。

また1時間以上浸水するのが一般的ですが、雑穀は基本的に小粒なので、洗ってすぐ炊いても問題ありません。じっくり浸水させれば、よりもっちりとやわらかくなりますが、プチプチした食感を楽しむならば、むしろ浸水させないほうがうまくいきます。

それからぜひ試してほしいのが、雑穀を単独で炊いてみること。例えばひえなどは、ごはんに炊き込むと、さめた時にぼそぼそしてごはんまでまずくなってしまいます。ひえだけで炊いてみると、これが案外おいしい。また、お焼きのように焼いてみると、パリッと焼きあがった食感は、ひえだけのほうが絶対においしい。おかゆもしかりです。

そうそう、雑穀をおかゆにする時は、米のおかゆのときよりもたっぷりめの水でちょっと薄めに炊くのがポイント。スープのような雑穀のおもゆは、甘味があってとろりとしていて、食欲のないときにもぴったりです。

土と環境を豊かにする雑穀

さてこの雑穀、からだにいいだけではなく、環境にも大いに貢献しているって知ってました？　いま、全国的に有機栽培が盛んに行われていますが、そのために窒素、リン酸、カリなどの栄養分を多量に土に投入します。

栄養分は植物にとって必要不可欠なものなのですが、全国的にみると、むしろ栄養過剰で土が不健康に傾きつつあるそうなのです。

そんな土地に雑穀を植えると、カリをたくさん吸い上げてくれて、土が健康な状態になり、また雑穀を目がけて鳥たちがやってきて糞を落とし、自然の生態系を作ってくれます。さらに、刈り取った後の茎は、土にすきこむことで、立派な腐葉土になります。

つまり、雑穀をおいしく食べると、からだが健康になるだけでなく、期せずして環境に貢献することになるのです。そういう意味では、国産の雑穀を応援したいですね。

えびせん

大人も子供もやみつきの、カルシウムおやつ

材料 2人分

玄米(又は雑穀)ごはん　茶碗2杯分
桜えび　30g
すりごま　大さじ1
塩　少々
小麦粉　大さじ2
ごま油　適宜

作り方

1 桜えびはフライパンでさっとから炒りし、細かく刻んで、ごまと塩を混ぜておく。

2 玄米(雑穀)ごはんに1と小麦粉を混ぜて、瓶や麺棒などで軽くつく。食べやすい大きさに丸めて、手のひらでぺったんこにする。

3 ごま油をひいたフライパンで、押さえつけるようにしながら両面をこんがりと焼く。

Column 玄米フレーク

玄米を挽いて押しつぶし、
乾燥させたもの。
砂糖などで
味付けされたものもあります。
粒の玄米より食べやすく、
消化吸収もよいので、
朝食や子供のおやつにむいています。

玄米とじゃがいものどんどん焼き

冷やごはんとじゃがいもで作る、おくぞの家名物のお好み焼き

材料 2人分

- 玄米ごはん　茶碗2杯分
- じゃがいも　大2個
- マヨネーズ(好みで)　大さじ1
- 好みのトッピング
  じゃこ、鮭、溶けるチーズ、青のり、桜えび、納豆、青ねぎの小口切り、紅しょうが、枝豆など
- 好みのソース
  ケチャップ、しょうゆ、マヨネーズ、ウスターソースなど

作り方

1 玄米(雑穀)ごはんを器に入れて、皮をむいたじゃがいもをすりおろしながら加え、マヨネーズ(じゃがいもの変色止めなので、入れなくてもよい)も一緒に混ぜ合わせる。じゃがいもが茶色くなっていっても、味には影響ない。

2 ホットプレートを熱して、1の種を食べやすい大きさに流し、好みのトッピングをのせて、両面を焼く。

3 おいしそうに焼きあがったら皿にとり、ソースをかける。

Column　コメエキス入りコスメ

米ぬかや米の発酵エキスは、
ビタミン群ほか美容成分の宝庫。
昔のぬか袋や酒風呂が今、
コメエキス入り石けん、
化粧品として人気復活。
汚れをきちんと落としつつ、
しっとりした色白美肌を保ちます。

あわぜんざい

あんこも手作り。上品な甘みにうっとり…

材料 2人分

- もちあわ　1カップ
- 水　1.5カップ
- 塩　1つまみ
- あんこの材料
  - 小豆　1カップ
  - 水　3～4カップ
  - 砂糖　1カップ

作り方

1 もちあわはザルに入れて、大きなボウルの中で水を替えながらふり洗いする。

2 厚手の鍋か土鍋に1のもちあわと水、塩1つまみを入れ、ふたをして火にかける。

3 沸騰したら5分で火を止め、そのまま余熱で20分蒸らす。

4 あんこを作る。小豆と水を鍋に入れて火にかけ、20～30分煮る。小豆がやわらかくなったら砂糖を2～3回に分けて入れ、さらに少し煮て、水分がかなり残っている状態でミキサーにかける。こしあんのできあがり。

5 炊き上がったもちあわを器に盛り、4のこしあんをかける。

＊ あんこは市販のものでも粒あんでもよい。

Column　玄米は「中庸」

中国では、「陰＝からだを冷やして緩める食べもの」と「陽＝からだを温めて引き締める食べもの」のバランスを重んじます。理想の状態はかたよりのない「中庸」。食べものの中で最も「中庸」なのが玄米とされています。

ひえのチーズスナック

ひえとカリカリチーズのコンビネーションが絶妙

材料 2人分

ひえ　1カップ
水　2カップ弱
オリーブ油　大さじ1
溶けるチーズ　適宜

作り方

1 ひえは洗って3時間以上水に浸し、いったんザルに上げて水を切る。厚手の鍋、又は土鍋にひえと分量の水を加えて火にかける。沸騰したら火を弱め、5分ほど炊いたら火を止めて、そのまま15分蒸らす。

2 ひえが炊き上がったら、チーズを混ぜながら軽くついて丸め、手のひらでぺったんこにする。

3 オリーブ油を熱したフライパンで、両面ともカリカリになるまで焼く。

Column　ひえは低アレルギー

ひえは、アレルギーを引き起こしにくい
穀物としても脚光を浴びています。
アトピー体質などで
穀物アレルギーがあっても、
ひえならば大丈夫
ということもあるそうです。

きびだんご

日本一のきびだんごが、うちで簡単にできますよ

材料 2人分

もちきび　1カップ
水　1.2カップ
きな粉、砂糖　各適宜

作り方

1 もちきびはよく洗って3時間以上水に浸し、ザルに上げてから土鍋に入れて水1.2カップを加え、火にかける。

2 沸騰したら火を弱め、5分ほど炊いたら火を止める。そのまま15～20分蒸らす。

3 炊きあがったもちきびは軽くついてから丸め、砂糖と混ぜたきな粉をまぶす。

Column　**もちきび**

あわより大粒で、
炊くとふんわりして食べやすい、
黄色いごはんになります。
もちもち感があるので、
おだんごにも最適。

きびの五平もち

こんがり焼けたみそだれが、う〜ん、いい香り

材料 4人分

もちきび　1カップ
玄米　1カップ
水　2.5カップ
塩　2つまみ
A）みそ、はちみつ　各大さじ2
　　練りごま　大さじ1
　　ごま　適宜

作り方

1 もちきびと玄米を混ぜて一緒に洗い、分量の水と共に土鍋に入れる。ごく弱い火にかけ、沸騰したら10分炊き、火を止めてそのまま40分蒸らす。

2 1のきび入りごはんを食べやすい大きさに丸めて少し平べったくし、Aを合わせたタレを塗って、オーブントースターで、こんがりおいしそうな焦げ目をつける。

＊ きび100％で作ってもおいしい。その場合の炊き方はP90参照。

Column たかきび

中国名コウリャン。
もちきびより大粒で、色はえんじ色。
かたいので一般的にはひいて粉にして、
餅やだんごにして食べます。
中国、インド、アフリカでは
今も主要穀物です。

さといもまんじゅう

しょうゆをさっと塗って、さっぱり仕上げます

材料 2人分

玄米（又は雑穀）ごはん　茶碗２杯分
さといも　２〜３個
焼きのり　適宜
サラダ油　適宜
しょうゆ、はちみつ　各大さじ２

作り方

1 さといもは皮付きのままやわらかくゆで、皮をむく。

2 あたたかい玄米（雑穀）ごはんとさといもをボウルに入れて、麺棒でつぶしながら混ぜ合わせる。

3 食べやすい大きさに丸めたら両面にのりをくっつけ、油を熱したフライパンで両面をこんがり焼く。

4 しょうゆとはちみつを混ぜたタレを一度に入れてからめる。

Column　玄米茶、穀物茶

玄米茶、麦茶、そば茶、はと麦茶など、
玄米、雑穀を焙じたお茶は多彩。
黒く炒って粉にした、
香ばしいコーヒー風飲み物もあります。
すべてノンカフェインで、
外皮の亀裂から栄養分が
しっかりお湯に溶け出します。

奥薗壽子（おくぞの・としこ）

家庭料理研究家。京都生まれ、京都育ち。
1985年、神戸市外国語大学中国学科卒業。
目からウロコの手抜きテクを駆使したシンプルレシピの数々は、「とにかくらくちんで、テキトーに作っても間違いなくおいしい」と大評判。2002年5月、テレビ東京系「TVチャンピオン」の「3分間料理人選手権」で優勝。一躍、時の人に。玄米、雑穀、乾物、豆などの伝統食材をこよなく愛し、かんたん、ヘルシーで、子供たちも喜ぶおくぞの流素食レシピを、多彩に生み出している。
テレビ出演、執筆、講演、料理講習会と大活躍の一方、「お台所奉行の会」を主宰し、料理教室、会報などを通じて、豊かな食卓の輪を全国に広げている。1男1女の母。
著書に『もっと使える乾物の本』（農山漁村文化協会）、『奥薗さんちのおだいどこ発　親子で楽しむ「素食」レシピ』（講談社）、『ズボラ人間の料理術』（サンマーク出版）など多数。
ホームページ＝http://www1.odn.ne.jp/~cce89410/hp.htm

協力　松下電器産業株式会社

おくぞの流 玄米・雑穀 らくちんごはん

2002年9月25日初版　第1刷発行

著者　奥薗壽子
企画・編集　日高あつ子
デザイン　湯浅レイ子 ar inc.
写真　矢野宗利
スタイリング　久保百合子
発行者　木谷仁哉
発行所　株式会社 ブックマン社
〒101-0065 東京都千代田区西神田3-3-5
営業　03-3263-3321
編集　03-3237-7784
http://www.bookman.co.jp
印刷所　図書印刷株式会社
ISBN4-89308-505-0

©2002 Toshiko Okuzono
Printed in Japan
乱丁、落丁本はお取替えいたします。
定価はカバーに表示してあります。